Émile DHARVENT
[illegible] de la Commission des Monuments historiques
du Pas-de-Calais

PREMIERS
[illegible]S DE SCULPTURE
DE
[illegible] PRÉHISTORIQUE

[illegible]ption d'une Collection de Silex
[illegible]thropomorphes ou zoomorphes,
[illegible]etouches intentionnelles,
[illegible] diluvium inférieur du nord de la France

ROUEN
IMPRIMERIE JULIEN LECERF
1902

PREMIERS

ESSAIS DE SCULPTURE

DE

L'HOMME PRÉHISTORIQUE

Isaïe DHARVENT

Membre de la Commission des Monuments historiques

du Pas-de-Calais

PREMIERS

ESSAIS DE SCULPTURE

DE

L'HOMME PRÉHISTORIQUE

Notice et Description d'une Collection de Silex

à représentations anthropomorphes ou zoomorphes,

à retouches intentionnelles,

recueillie dans le diluvium inférieur du nord de la France

ROUEN

IMPRIMERIE JULIEN LECERF

1902

PREMIERS
ESSAIS DE SCULPTURE

DE

L'HOMME PRÉHISTORIQUE

Tour à tour on a vu se vérifier, l'une après l'autre, et s'imposer à l'attention et à la créance de leurs premiers détracteurs, les conclusions scientifiques si précises et si clairvoyantes qu'émit, il y a plus de cinquante ans, l'inventeur génial de la science préhistorique.

Il en est cependant qui n'ont pas encore eu raison des préventions premières et demeurent victimes de cette indifférence très injuste qui, comme l'écrivait Boucher de Perthes, « aime mieux écrire pendant huit jours pour prouver qu'une chose ne peut pas être, que d'étudier seulement une heure pour se convaincre qu'elle est » (1).

L'une d'elles a surtout rencontré l'incrédulité systématique et a parfois servi de thème aux plaisanteries faciles. C'est la question des pierres-figures à retouches intentionnelles, que Boucher de Perthes posait formellement en ces termes : « Nous allons tenter de démontrer qu'il » existe dans les plus anciens gissemens, et bien au-delà de ce que l'on » a nommé l'antiquité, des figures taillées par la main de l'homme et » remontant presque à son origine. Cette opinion, je le sens, est bien

(1) Victor MEUNIER. *Les ancêtres d'Adam ; histoire de l'homme fossile.* Edit. Thieullen, Paris, Fischbacher, 1901.

» hardie, et je ne me dissimule pas la difficulté de la faire admettre. Je
» me rappelle combien moi-même j'ai hésité à l'adopter, combien long-
» temps j'ai résisté à l'évidence. En vain les preuves se succédaient ; en
» vain, d'année en année, je trouvais dans ces antiques sépultures ou
» dans les terrains diluviens, et parmi les ossemens fossiles, ces témoi-
» gnages de la vie et de l'intelligence, je me demandais encore : n'est-ce
» pas un rêve ? sont-ce bien là des traces humaines ? Alors je recom-
» mençais mon étude et je répétais : oui, la main de l'homme est là.

» Bientôt, je l'espère, vous le direz avec moi. Déjà deux points
» essentiels sont venus appuyer le système que je soumets à votre exa-
» men : 1° les bancs explorés ont été reconnus diluviens ; 2° ces bancs
» contenaient des haches et des couteaux en silex, œuvres de la main
» des hommes.

» Une vérité non moins acquise, c'est que les images en pierre, ou ce
» que je considère comme tel, ont la même origine que les haches et
» les couteaux. Or, ici un fait constate l'autre : puisque des silex sont
» taillés en haches et couteaux, pourquoi d'autres silex ne le seraient-ils
» pas en d'autres formes ? » (1)

*
* *

Dussé-je, à mon tour, grossir le nombre de « ces travaux de province,
qui n'ont pour le moment aucun caractère scientifique » (2), et, en fai-
sant cortège à Boucher de Perthes « dans une voie qui ne fut pas celle
où il s'illustra » (3), partager avec lui et ses fidèles les quolibets et les
anathèmes de la science officielle et estampillée, je pense que le moment
est venu pour chacun d'afficher publiquement sa foi et d'apporter son
modeste témoignage au triomphe d'une cause dont la méconnaissance et
le rejet ne sauraient être que temporaires.

Quand le Maître a vu, pendant treize années, l'Institut de France
opposer à l'éclatante démonstration de l'homme antédiluvien la superbe
indifférence de ses infaillibles décrets, et ne céder, forcé et contraint,
qu'aux vérifications oculaires et aux témoignages décisifs de savants
étrangers, l'humble disciple peut bien, à son tour, affronter de gaîté de

---

(1) *Antiquités celtiques et antédiluviennes*, t. I, p. 439-440.

(2, 3) *L'Anthropologie*, t. XI, mars-juin 1900. Les pierres à figures animées, p. 349.

cœur, vingt années durant et au besoin davantage, les accueils froids, les ironies douces et les dédaigneux arrêts.

Tel est précisément mon cas.

Lorsqu'en 1881, à la suite d'un douloureux accident survenu en pleine jeunesse et me réduisant à l'inaction forcée pour le reste de mes jours, je dus chercher dans la très modeste Bibliothèque municipale de la ville de Saint-Pol (Pas-de-Calais) une occupation à des loisirs fatalement démesurés et lourds, mes yeux tombèrent sur les *Antiquités celtiques et antédiluviennes* de Boucher de Perthes. Ma vocation, — le mot n'a rien d'excessif, — date de ce jour et de la lecture de ce beau livre, qui devint de suite et demeura depuis le compagnon de tous mes instants.

Abandonnant le projet d'abord caressé de déterminer quelques fossiles, qu'en géologue apprenti j'avais jadis ramassés dans les terrains jurassiques des environs de Metz, je n'eus plus qu'une pensée : celle de vérifier par mes recherches et par mes yeux l'existence possible de ces pierres-figures, dont le Maître avait recueilli, avec la sincérité qu'on lui reconnaît aujourd'hui, de très nombreux échantillons.

Je ne puis dire que j'aie jamais été beaucoup encouragé dans cette voie.

Dans mon entourage direct, comme sur les lieux de fouille, j'ai naturellement rencontré plus de rires, de plaisanteries et de haussements d'épaule que d'adhésions et d'aide efficace. C'était bien naturel. Si le paysan qui ramasse les cailloux de son champ, pour en ferrer son chemin, est un homme avisé et bon gérant de son bien, celui qui regarde curieusement ces cailloux, les ramasse jalousement, les palpe sous toutes leurs faces, les sélectionne et les rapporte au domicile pour les aligner en collection étiquetée, ne pouvait manquer de passer pour un inoffensif monomane.

C'était pis encore si j'ouvrais la bouche, soit pour faire dans toute sa couleur le récit circonstancié de mes chasses, soit pour expliquer aux parents, aux amis ou aux témoins, l'importance ou la beauté de l'échantillon dernier trouvé. J'avais, comme tant d'autres, « mon dada », et ce « dada » était de nature particulièrement ennuyeuse.

A vrai dire, il n'y avait là rien qui pût refroidir ma ferveur et ralentir mon zèle, et tous les vrais collectionneurs ont connu ces mépris de l'indifférent pour ce qui leur apporte, à eux, des joies intimes très pures et très vives.

Ai-je du moins reçu meilleur accueil dans le monde qui étudie et qui pense, qui se flatte de ne se point payer de mots et de répudier les formules toutes faites, prétend hautement n'asseoir ses jugements et ses croyances que sur l'étude approfondie des faits et sur la démonstration mathématique de l'évidence ?

Que non pas ! le compte est vite fait. Je n'ai recueilli, en vingt ans de recherches, que deux encouragements. Encore me sont-ils venus spontanément de deux savants de province, indépendants l'un de l'autre, n'ayant tous deux aucune attache d'école et entendant sans doute parler pour la première fois de la question qui m'intéressait. Je veux parler de MM. Henri Loriquet, alors Archiviste en chef du Pas-de-Calais et Secrétaire général de la Commission des Monuments historiques de ce département, et Victor Vaillant, archéologue distingué de Boulogne-sur-Mer.

Le premier voulut bien, dès 1888, me présenter à la Commission qu'il dirigeait avec tant de compétence, et servir en quelque sorte de parrain et de témoin à ma collection qui, pour la première fois, affrontait le suffrage public.

Voici en quels termes encourageants il résume cette partie de la séance du 4 octobre 1888 (1) :

« La parole est donnée à M. Dharvent, de Saint-Pol, qui a bien » voulu faire profiter la Commission des curieuses collections de silex » qu'il a réunies.

» Reprenant pour son propre compte une idée émise il y a une » quarantaine d'années et soutenue par Boucher de Perthes, idée qui » rencontra alors l'incrédulité des savants officiels, M. Dharvent a mis à » profit ses loisirs et ses promenades dans les environs de Saint-Pol à » rechercher les traces encore nombreuses de l'existence et de l'industrie » des peuplades préhistoriques qui stationnaient dans nos régions.

» Sans méconnaître l'intérêt qui se rattache aux objets formant le » plus ordinairement le fonds des collections relatives aux temps primi- » tifs, tels que couteaux, haches, grattoirs, percuteurs, etc., M. Dharvent » s'est plus spécialement voué à la recherche des silex à reproductions » anthropomorphes ou zoomorphes, dont la taille habile et les éclats » bien dirigés lui ont paru révéler autre chose que d'heureuses combi-

(1) *Bulletin de la Commission des Monuments historiques du Pas-de-Calais*, t. I, p. 42-46.

» naisons du hasard ou de la nature, en dépit de ce que l'on a dit,
» écrit ou pensé jusqu'ici.

» Voici quels sont actuellement les résultats matériels de ses
» découvertes :

.   .   .   .

(Suivait la description de vingt-cinq spécimens).

.   .   .   .

» M. Dharvent possède dès maintenant une soixantaine d'échantillons
» de silex rentrant dans cette même catégorie, et rencontrés sur les
» territoires de Gauchin-Verloingt, Roëllecourt, Ramecourt, Saint-
» Michel, Marœuil, Lapugnoy, Vaudricourt et Abbeville.

» Il était inutile d'allonger la nomenclature qui précède en décrivant
» un à un tous les spécimens recueillis ; on a donc laissé de côté tous
» ceux dont les formes moins précises laissaient prise au doute.

» Il paraît résulter de l'étude de cet intéressant catalogue que, si les
» silex choisis étaient préparés par leur configuration naturelle à repré-
» senter une tête d'animal ou un masque humain, ils n'ont pas pu
» atteindre à la ressemblance constatée aujourd'hui sans le secours d'une
» main tout-à-fait consciente, maniant l'outil intelligemment et selon
» une idée déterminée.

» Ce n'est pas par un effet du hasard que le percuteur, s'attaquant à un
» silex brut, n'a dégagé, fouillé et accentué que les seules lignes qui
» faisaient défaut à telle ou telle représentation. Ce n'est pas, à coup
» sûr, une combinaison de la nature qui a fait disparaître deux ou trois
» *cidaris* (1) gênants, pour conserver celui qui devait former l'œil et le
» placer précisément à l'endroit où l'on a coutume de trouver des yeux.

» M. Dharvent estime qu'on doit voir dans les types qu'il a recueillis
» des preuves non récusables d'un désir de nos ancêtres de retracer par
» la sculpture certains objets, comme on a admis qu'ils l'ont pu faire en
» quelques endroits par la gravure, soit sur l'os du renne, soit sur la
» paroi des cavernes.

» Il lui paraît illogique que la science puisse admettre d'une part

____

(1) Genre d'*échinoderme* de l'ordre des *Oursins* réguliers, qui « a son apogée dans le
jurassique supérieur et le crétacé, décroît dans le tertiaire, et ne se trouve plus à l'époque
actuelle que dans les mers intertropicales ». V. *Grande Encyclopédie*, t. XI, p. 362.

2

» comme production de l'homme préhistorique les haches et autres ins-
» truments de défense ou de travail, taillés ou polis, et que d'autre
» part elle veuille rejeter dans le domaine des hypothèses la possibilité
» d'un essai de reproduction tangible des animaux dont ce même homme
» faisait sa nourriture ou sa compagnie.

» M. Dharvent ajoute qu'à son avis il serait bien plus conforme à la
» raison de supposer *a priori* chez les peuplades préhistoriques le même
» besoin de représentation figurée que l'on constate encore aujourd'hui
» chez les tribus sauvages, et, ce principe admis, de rechercher, de
» collectionner et d'étudier les silex à représentation, pour en déduire
» ensuite, et par une étude sérieuse, le degré de créance qu'ils présen-
» teraient et les enseignements qu'ils paraîtraient comporter.

» Telle est l'idée de M. Dharvent, et tel a été le but qui l'a guidé
» jusqu'à présent dans ses recherches.

» La Commission remercie M. Dharvent de son intéressante commu-
» nication et fait des vœux pour que la publicité du *Bulletin* soit le point
» de départ d'un examen attentif de cette très curieuse question ».

A quelques années de là, en 1896, le savant Archiviste du Pas-de-
Calais devait me donner une nouvelle preuve de bienveillance, quand il
organisa de toutes pièces, et presque laissé à ses seules forces, cette si
remarquable Exposition régionale d'Art rétrospectif, à laquelle il sut inté-
resser 415 exposants et où il réunit près de 4,000 objets d'art, dont
une douzaine au moins ont eu, à l'Exposition universelle de 1900, les
honneurs du Petit Palais des Beaux-Arts.

C'est à cette occasion qu'un éminent archéologue de Boulogne,
M. Victor Vaillant, voulut bien porter (1) sur la cause qui m'était si
chère le témoignage spontané et désintéressé qu'on va lire :

« L'Exposition rétrospective des Arts et Monuments du Pas-de-Calais
» qui va s'ouvrir au Palais de Saint-Vaast prend de jour en jour une
» importance plus considérable; les envois se succèdent sans interruption.

» L'archéologie, la numismatique et les beaux-arts y seront largement
» représentés; toutes les sections se complètent harmoniquement de
» pièces qui intéressent plus particulièrement l'histoire de l'art en Artois.

» Parmi les entrées les plus récentes, il convient de signaler une col-
» lection que la Commission vient de mettre en vitrine, et qui fournira

(1) *Petit Béthunois* du 20 mai et *Avenir d'Arras* du 5 juin 1896.

» une ample matière aux études et aux controverses des curieux et des
» savants qui s'occupent des questions préhistoriques.

» Elle comprend, en effet, soixante-dix silex taillés d'un genre peu
» connu, peu remarqué, bien que les analogues aient été décrits par
» Boucher de Perthes et discutés par Virchow. Ce groupe a été recueilli
» pièce à pièce par M. Dharvent, archéologue de Béthune, sur divers
» points du département du Pas-de-Calais, aux environs de Saint-Pol et
» de Béthune, sur les bords de la Canche et ceux de la Somme, et sur
» les plateaux qui avoisinent les collines de l'Artois.

» Ces curieux spécimens de l'art primitif ont pour caractère commun
» de figurer des formes animales. Chacun de ces silex à représentations
» anthropomorphes ou zoomorphes est le produit d'un travail *intentionnel*
» et nettement *voulu* de tailles et d'éclats, appliqué à des rognons, à
» des cailloux, à des blocs dont la configuration avait frappé l'œil d'un
» de nos ancêtres préhistoriques, comme aurait pu le faire l'ébauche
» grossière en terre ou en bois d'une tête d'animal, par exemple celle
» d'un chien, d'un oiseau ou d'un poisson.

» Sur cette maquette naturelle l'artiste primitif a, suivant une idee
» déterminée, introduit diverses modifications qui lui permettaient de se
» rapprocher peu à peu d'une ressemblance plus complète avec son
» modèle : il a travaillé les parties qui gênaient l'exécution de son idée,
» tantôt en rabattant, enlevant, retranchant des saillies, tantôt en mode-
» lant les surfaces au moyen de méplats, ailleurs en entaillant et en
» creusant les parties planes, bref, en opérant sur et dans le silex comme
» s'il avait eu à traiter un bloc de terre plastique. Ses procédés étaient
» élémentaires, son outillage étant celui de l'âge de la pierre taillée;
» quant aux résultats, ils dépendaient de son habileté à profiter des
» accidents que la nature lui fournissait.

» Les types représentés sont fort variés; on y reconnaît sans peine
» des têtes humaines, des têtes de morts surtout, puis des têtes de
» chiens de diverses races, de chats, de moutons, de sangliers, d'ours
» et d'autres fauves; à côté on distingue plusieurs gallinacées, des pois-
» sons et des reptiles. Les pièces les plus notables sont celles où des
» empreintes de *cidaris* ont été utilisées pour figurer des yeux, soit en
» les employant telles que la pierre brute les fournissait, soit en les
» dégageant et en les isolant au moyen de tailles et d'éclats adroitement
» faits. Bref, l'artiste a su tirer un parti avantageux de tous les accidents

» naturels ou adventifs qu'il a rencontrés sur ces ébauches naturelles
» pour leur faire produire une représentation d'animal en ronde bosse.

» Les silex sculptés de la collection Dharvent ne sont donc point assi-
» milables aux plaquettes circulaires qui ont été recueillies en Norman-
» die par M. Chatel, et discutées dans le Congrès scientifique auquel il
» les avait soumises en 1866. Les savants qui les étudièrent alors se
» refusèrent à reconnaître, dans ces quasi-médailles préhistoriques, les
» indices d'un travail de gravure analogue à celui qui a figuré, sur
» diverses matières, les remarquables représentations d'animaux dont
» les plus extraordinaires ont été découvertes dans les grottes de La
» Madelaine (Dordogne).

» Il ne paraît pas vraisemblable que M. Dharvent doive être exposé
» au reproche qui a tant déconsidéré certaines recherches de Boucher de
» Perthes : celui d'avoir laissé surprendre sa bonne foi par les super-
» cheries intéressées de ses ouvriers et de ses fournisseurs.

» Prémuni par les mésaventures du père de la science préhistorique,
» il s'est donné garde d'attirer l'attention sur l'objet de ses études. Il
» n'eut longtemps d'autre compagnon dans ses courses qu'un enfant,
» dont la collaboration matérielle lui était indispensable le jour où, vic-
» time de son dévouement, il avait perdu ses deux mains. On ignorait
» donc dans les villages qu'il visitait s'il s'agissait d'un curieux mono-
» mane ou d'un préhistorien poursuivant la solution d'un problème
» d'ethnologie; aussi les fabricants de faux ne trouvèrent-ils point l'oc-
» casion d'exercer leur funeste industrie ou leur sot amour de la
» fumisterie auprès d'un homme qui n'achetait point, ne demandait
» rien à personne et ne se livrait pas à des confidences exploitables.

» Il y a là un caractère important à retenir en faveur de la sincérité
» absolue de ces silex à représentations si variées. Les spécialistes trou-
» veront en outre, dans les soixante-dix pièces exposées, un élément plus
» important d'appréciation dans la patine qui recouvre ces silex.

» En effet, elle semble varier suivant qu'elle a été déposée sur l'écorce
» primitive de la pierre, sur les parties qui ont été éclatées naturelle-
» ment, soit par l'effet de chocs, soit sous l'action de la chaleur, ou sur
» les parties qui ont été modifiées par le travail de l'homme, plus parti-
» culièrement autour des empreintes de *cidaris*. Dans ces représentations
» d'animaux soumises à leur appréciation, ils feront le départ entre ce
» qui peut être à bon droit considéré comme un *lusus naturae* et ce qui

» peut et doit être attribué au travail intelligent de l'homme préhisto-
» rique : *Homo additus naturae,* n'est-ce pas la définition de l'art lui-même,
» fût-ce simplement l'art rudimentaire ?

» La question soulevée par les silex anthropomorphes et zoomorphes
» est pour ainsi dire neuve, inédite ; ceux que Boucher de Perthes a
» décrits ont été, on le sait, englobés dans la condamnation sommaire
» prononcée contre les objets faux auxquels ils se trouvaient mêlés dans
» ses collections. Les silex les plus authentiques, les couteaux, les per-
» çoirs, les percuteurs, tous les outils qu'il avait recueillis il y a cin-
» quante ans dans les alluvions anciennes de la Somme furent contestés ;
» les plus hautes autorités scientifiques leur dénièrent longtemps tout
» caractère d'œuvre humaine. Aujourd'hui, après d'interminables con-
» troverses, ils sont universellement reconnus et acceptés comme repré-
» sentant l'une des phases de l'industrie humaine primitive.

» Les silex de M. Dharvent traversent actuellement la première
» période de ces épreuves : ils sont discutés, contestés. Mais il semble
» que la science ne les ait pas suffisamment étudiés ; elle ne les a défini-
» tivement ni admis, ni rejetés.

» Leur exposition au Palais de Saint-Vaast aura-t-elle pour résultat
» d'amener des adeptes de la science préhistorique à prononcer un juge-
» ment motivé à la suite d'une étude attentive ? Le temps le
» montrera ».

Hélas ! le résultat si bienveillamment espéré par M. Vaillant ne fut
pas atteint ! Mes silex « ne présentaient aucun des signes classiques de
l'école, tels que plans de frappe, surfaces d'éclatement, bulbes et con-
choïdes de percussion, etc., etc., et l'on ne pouvait donner foi à ces prétendues sculptures ». Tel fut, rendu en moins de cinq minutes, sans
examen, sans même avoir pris dans ses mains, palpé, regardé, étudié de
près un seul des soixante-dix échantillons exposés, l'arrêt définitif de
M. Adrien de Mortillet, professeur à l'Ecole d'Anthropologie de Paris,
venu à l'Exposition d'Arras en compagnie de quelques membres de la
Société d'Anthropologie.

Je ne sais si cette exécution sommaire fut renouvelée souvent, au
cours des longs mois pendant lesquels, grâce encore à M. Victor Vaillant,
ma collection fut hospitalisée dans une des salles du Musée de Boulogne,
et je suis demeuré ignorant des jugements sympathiques, ou sévères, ou

plaisants qui ont pu être portés sur mes silex à représentation figurée par des visiteurs étrangers ou français.

Mais j'aurai toujours présents à la mémoire, je garde jalousement en mes archives privées et je crois utile de rappeler ici les accueils, tous semblables, que ma proposition reçut des savants dont je sollicitais humblement l'avis.

Les uns comme les autres avaient leur siège fait. Au lieu d'examiner les faits à la loupe, voire même avec leurs yeux, au lieu d'écouter attentivement et de peser les motifs, au lieu de discuter par des raisons les conclusions proposées, les uns comme les autres ont *a priori* opposé le *veto* de l'Ecole, le sacro-saint verdict de la science anthropologique, avec cette suffisance sereine qu'un livre récent a si justement et si joliment fouaillée (1).

C'est d'abord M. Salomon Reinach, à qui je demandais un jour de vouloir bien me faire connaître si la Bibliothèque du Musée de Saint-Germain ne contiendrait pas quelque notice, imprimée ou manuscrite, sur la question des silex à représentation figurée. « Personne, me » répondit le savant archéologue, personne n'a rien publié au sujet des » prétendues têtes d'animaux en silex que Boucher de Perthes a cru » reconnaître. Nous les considérons ici comme de simples accidents ».

Vainement, à quelque temps de là, lui présentai-je moi-même quelques-uns de mes échantillons les plus sûrs, où la taille apparaissait le plus indéniable et voulue. Mon savant interlocuteur ne put que me répondre ceci : qu'il considérait mes silex comme de simples jeux de la nature, auxquels il ne pouvait donner aucun crédit.

Mais, comme à cette occasion je lui avais remis un exemplaire du procès-verbal de la Commission des Monuments historiques du Pas-de-Calais qu'on a lu plus haut, je lui serai toujours reconnaissant de m'avoir, dans un livre récent (2), donné acte en ces termes, et sous bonne date, de ma soutenance de la thèse des silex à représentation figurée : « |Boucher de Perthes] remplit sa collection d'objets retouchés ou apo-» cryphes, d'après lesquels il a même publié des gravures accompagnées » des plus bizarres commentaires. Parmi ces objets, les uns étaient en » bois et provenaient soi-disant des tourbières, les autres étaient des

(1) Victor MEUNIER. *Les ancêtres d'Adam*, édit. Thieullen ; *passim.*

(2) Salomon REINACH. *Description raisonnée du Musée de Saint-Germain.* I. Epoque des alluvions et des cavernes, p. 16, note.

» pierres parfois grossièrement retouchées pour leur donner l'apparence
» d'hommes ou d'animaux. (Cf. Virchow, *Verhand. Berl. Ges.*, 1871,
» p. 51-52). Boucher s'imaginait avoir trouvé les « signes symboliques »,
» la « langue hiéroglyphique » des hommes antédiluviens (*Antiquités*
» *celtiques*, t. I, p. VII). Ses illusions à cet égard, encouragées par les
» formes singulières que le silex prend souvent sans être travaillé, ont
» été partagées par Chatel (*Lettre relative aux silex taillés de main*
» *d'homme*, Caen, 1866) et Dharvent (*Note sur les silex à représentations*
» *anthropomorphes ou zoomorphes*, Arras, 1888) ».

Qui penserait, en lisant ces conclusions nettement hostiles aux premiers essais de sculpture de l'homme, que quelques lignes plus loin la
même plume intelligente et sagace, parlant des haches chelléennes de la
collection d'Acy (1), constatera qu'elles « montrent déjà une remarquable
préoccupation de l'élégance » et que « si haut qu'on puisse remonter
dans l'histoire de l'homme européen, on trouve chez lui un sentiment
de l'art qui est comme le présage de ses destinées ».

Je ne fus pas plus heureux auprès de M. John Evans, qui termine
ainsi la lettre qu'il voulut bien m'adresser, le 22 avril 1888 : « Quant
» aux silex dont vous me parlez, et que vous regardez comme taillés
» dans le but d'imiter des figures d'hommes ou d'animaux, je ne partage
» pas vos idées ni celles de Boucher de Perthes à ce sujet ».

Même échec auprès de M. A. de Marsy, alors Directeur de la Société
française d'Archéologie. « Je crois, m'écrit-il, le 2 octobre 1893, je crois
» devoir ajouter que la question des silex représentant des figures
» d'hommes et d'animaux a déjà été soumise à différents Congrès qui
» n'ont jamais voulu y reconnaître que des accidents de la nature, et je
» crains que les théories que vous vous proposez de soumettre à ces
» différentes assemblées ne soient pas favorablement accueillies par les
» hommes les plus compétents qui en font partie ». Et, le 10 du même
» mois, il ajoute encore : « Quant à la question des silex représentant
» des figures d'hommes et d'animaux, elle est loin d'être nouvelle ;
» Boucher de Perthes en avait recueilli par centaines et les avait fait
» reproduire dans son livre sur l'*Industrie primitive* ou *Antiquités antédilu-*
» *viennes*, et, depuis sa mort, tous ces échantillons qui n'ont paru offrir
» qu'un jeu de la nature ont été relégués dans des vitrines peu en vue,

(1) Ces haches provenaient, on le sait, des couches inférieures du grand dépôt de
diluvium de Chelles. *Ibid.*, p. 109.

» comme n'étant que des essais erronés de cet infatigable chercheur.
» Les fouilles qui ont amené les découvertes d'antiquités préhistoriques
» ont donné de fort importants résultats; mais ce serait, je le crains
» bien, les amoindrir, que de vouloir leur donner une portée plus consi-
» dérable et y trouver les traces d'un art qui ne se manifeste jusqu'à
» présent que par les gravures des ossements des cavernes ».

Les conclusions de M. Marcellin Boule, Professeur au Muséum d'histoire naturelle, dans une formule différente, sont identiques aux
précédentes.

Je lui avais fait présenter, en 1894, quelques silex par un ami, qui
me traduisit en ces termes la réponse reçue : « J'ai montré à M. Boule
» les silex que vous considérez comme les premiers essais de sculpture
» de l'homme préhistorique. Ces silex lui rappellent beaucoup ceux que
» Boucher de Perthes a trouvés et qu'il a figurés dans ses mémoires,
» sous le titre d'*Antiquités celtiques et antédiluviennes*. M. Boule s'est beau-
» coup intéressé à vos échantillons, mais il est loin de partager votre
» conviction. Il croit possible l'existence de pareils silex travaillés par
» l'homme primitif; mais, d'après lui, l'intervention de l'homme est
» difficile à prouver. M. Boule pose en principe que ces silex roulés et
» éclatés sont susceptibles de prendre des formes que l'on est toujours
» tenté de rapporter au travail de l'homme. Il m'a cité comme exemple
» le cas bien connu des silex de Pontlevoy, considérés par l'abbé Bour-
» geois comme des produits de l'industrie humaine, et qu'il considère,
» lui, comme des jeux de la nature. Tant qu'il faudra fouiller d'énormes
» tas de silex bruts, pour y trouver quelques-uns des silex que vous avez
» appelés zoomorphes, il croira à des formes accidentelles et non
» voulues ».

Ces déconvenues successives m'ont été cruelles, je dois l'avouer;
aucune cependant ne m'a découragé et n'a eu raison de ma foi dans la
sûreté de la thèse de Boucher de Perthes. Aujourd'hui, comme il y a
vingt ans, je persiste à penser que le jour où la science anthropologique
aura cessé de mettre la lumière sous le boisseau et d'enterrer systémati-
quement, sans les étudier, les faits nouveaux qui lui sont présentés par
la province en dehors des parrainages officiels; que le jour où elle se
servira de ses yeux pour voir ce qui est tangible et réel, et de sa raison
pour discuter et expliquer ce qui *a priori* est vraisemblable et possible,

pour ne pas dire nécessaire et fatal, l'existence des pierres-figures à retouches intentionnelles, tout comme celle des véritables instruments des âges préhistoriques, entrera définitivement dans les conquêtes de l'archéogéologie.

D'ailleurs, dans ces derniers temps, j'ai été tout heureux d'apprendre que quelques bons esprits se sont faits à leur tour les champions de l'idée. Les uns, guidés par les mêmes raisons que moi, et parcourant le même chemin, sont allés droit à la représentation anthropomorphe ou zoomorphe. D'autres y sont arrivés par des voies détournées, mais aussi sûres : tel M. A. Thieullen qui, après avoir répudié pendant plus de quinze ans l'idée des pierres-figures, n'en est devenu le sincère partisan (1) qu'au jour où, dans le sens de ses études personnelles, il découvrit des silex à retouches intentionnelles d'un autre genre (2), sur lesquels aucun doute n'était possible.

Mais j'ai encore d'autres motifs de continuer à affronter les rires, de soutenir virilement la lutte et d'attendre sans défaillance la réussite finale et prochaine. Me fais-je illusion ? Il me semble que je vois déjà poindre et grandir peu à peu à l'horizon l'aurore de la victoire.

En juillet 1888, au cours d'une communication à la Société géologique du Nord, M. Gosselet, Directeur de cette Compagnie, disait : « M. Dhar-
» vent nous présente toute une série de silex qu'il croit avoir été taillés par
» les premiers hommes, pour représenter des figures d'hommes et d'ani-
» maux. Je ne nie pas que les premiers hommes n'aient pu apercevoir
» la vague ressemblance de quelque silex avec un animal, et n'aient
» cherché à l'augmenter par la taille, mais je ne pense pas que ceux
» qu'il nous présente aient été taillés ; leur forme est accidentelle, c'est
» ce que nos pères appelaient *lusus naturae* ; les éclats sont les effets du
» froid, de la chaleur, de la gelée, du choc de la charrue, etc. Les
» figures d'animaux que l'on croit y voir, sont tout aussi imaginaires
» que les fantômes que l'on reconnaît dans les nuages ».

(1) *Les pierres-figures à retouches intentionnelles à l'époque du creusement des vallées*, par A. Thieullen, membre de la Société d'Anthropologie de Paris ; Paris, imp. Larousse, 1900. — *Deuxième étude sur les pierres-figures à l'époque du creusement des vallées quaternaires ;* Paris, imp. Larousse, 1901.

(2) *Les véritables instruments usuels de l'âge de la pierre ;* Paris, imp. Larousse, 1897. — *Lettre à M. Chauvet, Président de la Société historique et anthropologique de la Charente, pour faire suite aux Véritables instruments usuels de l'âge de la pierre ;* Paris, imp. Larousse, 1898.

3

Dix ans plus tard, le 3 juillet 1898, la même Société géologique, tenant sa réunion générale à Béthune, venait, sous la conduite de son savant Directeur, visiter ma collection, l'étudiait longuement, en palpait toutes les pièces et, au retour, rendait compte de ses impressions en ces termes pleins d'encouragements : « La Société va visiter la curieuse col- » lection de M. Dharvent. M. Dharvent a réuni un grand nombre de » silex des environs de Béthune. Le grand intérêt de sa collection réside » dans les formes imitatives d'animaux et de masques humains. Plusieurs » peuvent être de simples accidents, *lusus naturae*, mais d'autres pré- » sentent des marques évidentes d'une taille intentionnelle ».

Le même M. Gosselet vient de me renouveler ces encouragements, le 14 juillet 1901 : « La photographie que vous m'avez envoyée ne me dit » rien. Ce n'est pas que je sois complètement sceptique sur vos nom- » breuses trouvailles, je suis au contraire très disposé à admettre le travail » intentionnel de plusieurs de vos silex.

» Un M. Thieullen a présenté un certain nombre de pièces au Congrès » d'Anthropologie ; je ne crois pas qu'il en ait d'aussi démonstratives » que les vôtres.

» Je pense que vous feriez bien d'en publier quelques-unes, c'est le » moment ; la question est mûre. J'irai en causer avec vous pendant les » vacances ».

*
* *

Sans plus tarder, je réponds à cette franche invitation, en mettant aujourd'hui sous les yeux du public, d'abord l'historique de mes déboires qui me rend dans la discussion des silex figurés la place de combat que j'y occupe depuis plus de vingt ans, puis la description détaillée d'une partie de ma collection, enfin, une série de reproductions photographiques qui, si elles ne plaident pas définitivement la justice de la cause, y intéresseront assez les esprits sérieux pour qu'ils se décident enfin à donner aux objets eux-mêmes les quelques minutes d'attention qui sont la préface indispensable d'un jugement sérieux et définitif.

Après le plaidoyer si clairvoyant, si lumineux et si honnête de Bou- cher de Perthes, après les travaux de Chatel, au lendemain des brillantes escarmouches de M. Thieullen au Congrès international d'Anthropologie et d'Archéologie préhistoriques (20-25 août 1900), il serait oiseux de rappeler ici les termes de la question. Elle tient tout entière dans ceci : que si l'enfant de tout pays, de toute race, de toute classe sociale, sans qu'on lui ait enseigné le dessin ou le modelage, sait utiliser le premier crayon ou la motte d'argile qui lui tombe sous la main, pour reproduire, très imparfaitement sans doute, le plus souvent très grossièrement, tout ce qui l'entoure, la tête de son professeur aussi bien que les objets usuels ou les animaux qu'il connaît, l'homme primitif, ce grand enfant, a pu, lui aussi, sans respect des chronologies de M. Salomon Reinach et devançant l'heureux moment où la Société d'Anthropologie l'autorise à tenter quelques envolées artistiques, préparer à sa manière, au gré de ses goûts ou de ses besoins, et selon ses faibles moyens, les civilisations ultérieures des Praxitèle et des Jean Goujon.

Il importe peu qu'on puisse ou non déterminer aujourd'hui à quels usages l'homme primitif a destiné ces pierres figurées, s'il a voulu y voir des symboles pour son culte, des amulettes pour déjouer les maléfices et détourner les sorts, des jouets pour ses enfants ou pour lui-même.

Il n'importe pas davantage de savoir si ces manifestations d'art tentées par lui sont demeurees très au-dessous de nos formules esthétiques, si elles sont frustes, fort éloignées des types qu'il s'ingéniait à copier ou des étiquettes que leur ont données les collectionneurs, si elles sont même « grotesques », comme certains critiques d'art l'ont osé dire. Avec les matériaux grossiers dont il disposait et les outils tout rudimentaires qu'il s'était procurés par des moyens analogues, il serait contraire au bon sens que la Société d'Anthropologie prétendît demander à cet ancêtre éloigné plus d'efforts et plus de succès que nous n'en trouvons dans les ébauches de l'enfant et que l'ethnographie n'en enregistre tous les jours chez les peuplades demeurées sauvages et isolées.

Elle ne peut enfin faire grief à cet apprenti sculpteur d'avoir utilisé pour ses premiers essais des silex dont la configuration spéciale faisait en quelque sorte des maquettes naturelles, éveillant en lui l'instinct de l'imitation ou de la création. C'est dans l'essence même des choses, et si l'on a toujours vu l'homme des champs façonner la crosse de son bâton sur l'archétype, animal ou tête humaine, que lui fournissait la nature, on accepte encore sans surprise que le fabricant le plus moderne, à l'aurore du xxᵉ siècle, exploite en grand ces *lusus naturæ* et en complète plus ou moins mécaniquement l'expression pressentie.

Tout cela est aussi en dehors du débat que la solennelle et plaisante affirmation de Wirchow, relativement à la fréquence dans la nature des silex à formes bizarres (1). S'il est un truisme au monde, c'est bien celui-là, et point n'est besoin d'être poméranien pour en trouver la vérification presque quotidienne, en France et ailleurs.

Quelque curieux et séduisants qu'aient été les divers *lusus naturae* jusqu'ici recueillis, aucun ne peut, je crois, rivaliser avec celui que je présente dans la planche I, et que j'ai ramassé à la base du diluvium, à Fouquières-lez-Béthune. Nez, os malaire, orbites, apophyses orbitaires, bosse frontale, bosses pariétales, fosses temporales, calotte crânienne, tout concourt, à quelques asymétries près, à donner à cet intéressant caillou l'apparence très frappante, sinon d'un crâne humain, du moins d'une tête momifiée humaine. L'objet, à coup sûr, mérite de retenir l'attention et d'éveiller la convoitise du collectionneur. Il pourrait même figurer en bonne place dans les vitrines géologiques d'une collection publique. Dans la question qui nous occupe aujourd'hui, il n'est qu'une quantité négligeable, parce que ce sosie extraordinaire procède immédiatement, et sans retouches, du creuset de la nature où il a été élaboré tout entier et d'un seul coup.

Encore une fois, le point n'est pas de savoir si l'homme primitif a rencontré sous ses pas beaucoup de ces jeux de la nature et si ceux-ci se prêtaient plus ou moins complètement à une interprétation figurée. Nous laissons ce jeu innocent aux gens qui, leur siège fait, gardent les paupières volontairement closes sur tout ce qui menace leurs définitions intangibles.

Ce que nous disons avec Boucher de Perthes, ce que nous prétendons prouver, c'est que ces caprices évidents du hasard, notre lointain ancêtre les a parfois scellés de l'empreinte bien authentique d'un travail manuel absolument réfléchi et voulu.

Le débat est donc circonscrit entre ces trois points :

1° Quelle que soit la configuration initiale d'un silex, porte-t-il des traces indiscutables de tailles, et ces tailles sont-elles intentionnelles, c'est-à-dire répondant au but précis d'affirmer un contour et de compléter une ressemblance ?

2° Ces retouches intentionnelles sont-elles de bon aloi, ou laissent-elles prise à l'erreur ou à la tromperie ?

(1) *Verhand. Berlin. Ges.*, 1871, p. 51-52.

3° La constitution géologique des lieux de fouille a-t-elle été scientifiquement déterminée ?

Eh bien, oui, les silex que je présente aujourd'hui, quelle que soit leur forme initiale, offrent à première vue des tailles qui en ont modifié plus ou moins profondément les contours et les faces. S'il est vrai, comme l'a écrit M. de Mortillet, « que les chocs que les silex peuvent éprouver par suite des divers phénomènes naturels, agissent sur des surfaces trop irrégulières, se produisent de manières trop diverses pour aboutir à une action régulière » (1), on ne saurait admettre un seul instant que des causes naturelles inconscientes aient pu affecter précisément tels ou tels points dont la suppression ou l'amortissement ont provoqué une image acceptable, et qu'un hasard aveugle ait pu profiler sur des silex à configuration spéciale des contours, des méplats et des reliefs qui soient en harmonie constante avec cette configuration initiale.

A qui fera-t-on croire qu'une plaquette vaguement profilée en face humaine ait pu recevoir du hasard les tailles qui ont achevé d'accuser la bouche, le nez et les yeux, alors que tout le reste de l'écorce de cette plaquette est demeuré intact ?

Comment admettre que la nature se soit donné la triple tâche d'enlever sur un rognon plusieurs *cidaris*, de sauvegarder de cet arasement celle qui, par sa meilleure situation, pouvait simuler un œil naturel, enfin, d'opposer à cet œil originel, à cet œil natif, un œil régulièrement taillé ?

Par quel hasard miraculeux un silex infiniment délicat, offrant la silhouette incertaine d'un hippocampe, a-t-il pu, sans se rompre, recevoir de la nature, coup sur coup ou simultanément, les deux chocs qui ont disposé l'œil droit et l'œil gauche aux deux côtés de la face, dans une symétrie qui tient du prodige ?

Les faits sont tels et si palpables qu'il n'y aurait pas plus d'extravagance à nier la lumière du soleil qu'à opposer une dénégation systématique à l'évidence de cette taille intentionnelle !

Je sais bien qu'on a traité Boucher de Perthes de rêveur et d'illuminé, qu'on lui a reproché d'avoir été le jouet de ses terrassiers, et d'avoir accepté, les yeux fermés, les objets truqués qu'assurés d'un salaire rémunérateur ceux-ci lui présentaient. Je n'ignore pas qu'il a existé, dès

(1) *Le préhistorique. Antiquité de l'homme*, p. 82.

l'époque des fouilles du Moulin-Quignon, et qu'il existe encore aujour-
d'hui, non seulement dans les carrières de Saint-Acheul, mais ailleurs
aussi, en Normandie notamment, des fabricants, sans garantie ni brevet,
de silex très habilement maquillés.

Est-ce une raison pour rejeter sans examen ceux qui sont de bon aloi,
et les haches fausses de Saint-Acheul ont-elles fait condamner les
haches authentiques ?

N'ayant jamais rien acheté, je n'ai éveillé autour de moi aucun appétit
de lucre et n'ai point donné prise à la fraude. Ma collection est exclusi-
vement composée de pièces recueillies par moi-même sur les lieux de
fouilles. La patine qui les recouvre, plus ou moins accusée, suivant
qu'elle oblitère un éclat naturel ou une taille postérieure, témoigne haut-
tement de leur authenticité.

Enfin, si l'on veut savoir en quelles assises géologiques mes silex à
représentations figurées ont été rencontrés, je n'ai qu'à céder la plume à
l'éminent géologue lillois, M. Ladrière, qui a bien voulu m'adresser,
tout récemment, l'importante lettre qui suit :

« Lille, 18 octobre 1901.

» Cher Monsieur. Je ne puis pas vous fournir une note détaillée sur
» le quaternaire des environs de Béthune ; le temps me manque. Mais,
» afin qu'à l'avenir vos recherches, si minutieuses, puissent être encore
» plus méthodiques, je m'empresse de vous adresser le résumé des prin-
» cipaux faits que nous avons observés ensemble dimanche dernier.

» Partout, dans la région que nous avons parcourue, le quaternaire
» repose sur le landénien : argile glaiseuse, sable roux, sable vert, etc. Il
» est fort incomplet. L'assise inférieure n'est guère représentée que par
» le diluvium ; c'est la seule couche d'ailleurs qui soit bien développée.
» L'assise moyenne fait complètement défaut. Quant à l'assise supé-
» rieure, elle forme des sortes d'ilots de peu d'étendue.

» [I].—A Vaudricourt, au Bois des Montagnes [altitude : 47 m. 58],
» nous avons vu :

» 1° Limon de lavage avec silex, épaisseur . . . . 0^{m}20
» 2° Gravier à ciment limoneux (silex volants) 0 40
» 3° Diluvium à silex entiers ou éclatés et quelques grès usés
  » dans un ciment ferrugineux. . . . . 1^m à 2^m
» 4° Glaise landénienne.

» [II]. — A Fouquières, dans la briqueterie [Charpentier, lieu dit
« Les Huit » ; altitude : 46 m. 27], la coupe est plus complète. C'est,
» de haut en bas :

» 1° Limon supérieur brun jaunâtre argileux (terre à briques).   1^{m}20
» 2° Ergeron sablo-argileux, plus clair . . . . o 15
» 3° Gravier à ciment limoneux (cailloux volants) . . . . o 30
» 4° Diluvium à ciment rougeâtre ferrugineux 1 50
» 5° Sable roux (landénien).

» [III]. — A Fouquières encore, sur la pente, de l'autre côté de la
» route de [Béthune à] Saint-Pol, [altitude : 43 m. 72], la terre à bri-
» ques et l'ergeron n'existent plus. On voit :

» 1° Limon de lavage, avec silex. . . . . 0^{m}40
» 2° Gravier à ciment limoneux (graviers volants) . . . . o 50
» 3° Diluvium à ciment ferrugineux . . . . . . 0^{m}50 à 1 20
» 4° Sable roux grossier (landénien).

» [IV]. — A Hesdigneul, sur la place [altitude : 53 m. 73], la coupe
» des trous d'exploitation est la suivante :

» 1° Limon avec silex . . . . 0^{m}30
» 2° Gravier à ciment limoneux (cailloux volants) . . . . o 80
» 3° Diluvium à ciment ferrugineux avec bande de glaise dans
        » le milieu de la masse. 1 50
» 4° Sable roux (landénien).

» [V].—A Gosnay, au Bois des Dames, sur la rive gauche de la Lawe,
» contre la voie ferrée des mines de Bruay, [altitude : 58 m. 32], on
» voit dans une tranchée :

» 1° Limon récent avec silex. . . . . 0^{m}50
» 2° Gravier remanié à ciment limoneux 1 20
» 3° Diluvium à ciment ferrugineux 1 50
» 4° Sable vert (landénien).

» [VI]. — Enfin, à Vendin, dans les briqueteries Hersin [altitude :
» 28 m. 86], on peut relever une coupe assez identique à celle de la bri-
» queterie de Fouquières. Les couches exploitées sont :

» 1° Limon supérieur très bien caractérisé . . . . 1^m »
» 2° Ergeron sableux peu net. . . . . o 30
» 3° Gravier supérieur, petits silex patinés (graviers volants) . o 40

» 4° Diluvium composé d'éléments relativement fins réunis
   » par un ciment ferrugineux et divisé en plusieurs
   » masses par des lits de sable grossier ferrugineux. . . . 1^m50

» 5° Sable landénien.

» Il vous sera aisé de rapprocher toutes ces coupes.

» Le diluvium forme partout la base du quaternaire ; c'est dans ce
» dépôt que vous devez trouver les instruments les plus anciens, chelléens,
» acheuléens, etc. Le gravier supérieur (à cailloux volants) est plus récent ;
» il forme la base de mon assise supérieure. J'estime qu'il vous fournira
» plutôt des pointes moustériennes ; mais il se peut qu'il renferme des
» outils plus anciens, probablement remaniés. Je vous engage à l'étudier
» seulement là où il est recouvert par l'ergeron ou le limon supérieur.
» Ailleurs, où il affleure sous une veinule de limon de lavage à silex, il
» peut contenir, surtout à sa partie supérieure, des objets de l'époque néo-
» lithique : ce limon à silex étant le vrai gisement des produits de cet âge.

» Croyez, cher Monsieur, que j'ai passé en votre compagnie une
» journée fort agréable, et que je reviendrai avec le plus grand plaisir
» étudier avec vous les limons de Beuvry et ceux des environs.

» Tenez-moi, je vous prie, au courant de vos nouvelles trouvailles... »

A deux jours de là, le 20 octobre, M. Ladrière m'ayant posé la question suivante : « Je serais bien aise de savoir si vos silex sculptés pro-
» viennent du diluvium ou des graviers volants », je lui répondis en ces
termes :

« Je suis très à l'aise pour vous indiquer le gisement de mes silex, car
» je les ai recueillis moi-même depuis le premier jusqu'au dernier. Ils
» proviennent du diluvium, et l'erreur n'est pas possible, car les silex de
» cette assise ont une teinte et une patine particulières dues à leur long
» séjour dans le ciment ferrugineux dans lequel ils sont empâtés, et c'est
» pour ainsi dire toujours dans leur gangue qu'on les recueille. Il faut
» un hiver tout entier pour que les cailloux du diluvium, mis en tas,
» soient un peu clairs et lavés sur le dessus de ces tas, et encore reste-t-il
» toujours de ce ciment dans les cavités ; certaines parcelles même, plus
» ferrugineuses, semblent faire corps avec le silex et ne peuvent être
» enlevées.

» Les silex volants, au contraire, ont une couleur grise, terreuse, sale ;
» le limon de lavage qui les enveloppe n'est pas adhérent ; il n'a ni corps,
» ni consistance, et aussitôt que l'on remue un peu ces graviers, il se
» désagrège et tombe en poussière comme de la cendre. Du reste, jusqu'à
» présent, la couche qui les contient ne m'a jamais rien fourni.

» Il y a, au bois de Labeuvrière, une extraction où l'on exploite uni-
» quement les graviers volants. Je l'ai visitée très souvent, passant chaque
» fois cinq ou six heures à scruter minutieusement des tas de plus de six
» cents mètres cubes, sans jamais trouver un silex ayant même une appa-
» rence de taille. J'ai aussi questionné souvent les ouvriers, pour savoir s'ils
» ne trouvaient pas d'instruments en pierre de n'importe quel âge ; leur
» réponse a toujours été négative. Aussi, je pense que cette assise méri-
» terait plutôt le nom de couche stérile que celui de gisement archéolo-
» gique, du moins pour les environs de Béthune ».

J'ajouterai aujourd'hui que l'exploitation n° III, assez rapprochée de
mon domicile, a reçu plus qu'aucune autre ma visite, et, suivie pas à
pas, m'a fourni les pierres figurées les plus nombreuses et les plus belles.
C'est à elle, c'est à la même couche géologique que le Musée de Saint-
Germain doit l'un des plus beaux types de haches connus, étiqueté sous
le n° 29,685, et attribué erronément à Vaudricourt ; de même que c'est
à l'exploitation n° IV que le même Musée doit la hache n° 23,488.

Le bois des Montagnes de Vaudricourt — ci-dessus n° I — n'a d'ailleurs rien à lui envier. Éventré de toutes parts, il y a une vingtaine
d'années, pour la recherche du silex, il a donné des haches magnifiques,
et par centaines, qui sont allées orner quelques collections privées, mais
surtout les musées de l'Angleterre.

*
* *

J'ai hâte d'en venir à la description de quelques types plus particulièrement probants et de conclure.

DESCRIPTION DES PLANCHES

PLANCHE II, *fig. 1*. — Profil simiesque, vu de trois-quarts.

Plaquette de 0ᵐ14 de hauteur sur 0ᵐ12 de largeur et 0ᵐ03 d'épaisseur.

Ce silex, qui a conservé toute son écorce sur la face, sauf aux endroits taillés, a été découpé comme à l'emporte-pièce dans tout son pourtour et notamment sous le menton et la gorge. L'œil droit est dû à un éclat adroitement enlevé; l'œil gauche, parfaitement symétrique, a été obtenu par une belle taille qui, en mettant à nu une tache blanche du silex qui complète l'œil, a découpé la joue et fourni en même temps la courbe du nez. La bouche est particulièrement bien traitée, ainsi que le front et la tempe. Tout l'ensemble porte conviction.

Hesdigneul-lez-Béthune. Place du village.

PLANCHE II, *fig. 2*. —- Profil simiesque, vu de trois-quarts.

Silex de 0ᵐ11 de hauteur sur 0ᵐ10 de largeur, au revers aminci par une taille qui accuse nettement son plan de frappe, une face unie d'éclatement avec fort conchoïde de percussion.

L'avers, qui portait toute son écorce, a subi une vigoureuse taille qui a donné l'aplatissement de la joue droite. Une seconde taille fournissait la partie glabre du museau. Et comme la nature avait disposé sur ce silex deux éraillures horizontales et un trou profond au-dessous de celle de droite, l'artiste, par une taille habile, a placé un œil gauche sous le sourcil gauche.

Ce silex, dont la taille est indéniable et qui fait l'admiration de tous ceux qui l'ont vu, a été trouvé *in situ*, vers le tiers supérieur de l'assise, à côté de deux grands racloirs.

Roellecourt. Pont du chemin de fer.

PLANCHE III, *fig. 3*. — Figure d'homme portant toute la barbe, vue de profil.

Rognon de silex, de 0^m12 de hauteur sur 0^m11 de largeur et 0^m07 d'épaisseur. Ce rognon a été très complètement et très remarquablement fouillé par la taille ; seule la courbe du silex a été respectée, pour fournir le front et la nuque. Toute la figuration du côté gauche est taillée ; l'œil et la bouche ont été creusés avec méthode ; le nez, bien profilé, a été découpé à arêtes vives ; le renflement de la joue a été obtenu par une taille savante, qui termine en même temps le nez et l'œil ; le cou a été également bien traité par une taille vigoureuse, et le menton fourni par quelques tailles secondaires. On distingue parfaitement que l'individu représenté portait la barbe entière.

Cette tête ne résulte pas d'une forme accidentelle du silex, d'un *lusus naturae* utilisé ; elle est bien l'œuvre indéniable de l'homme. Tous les organes ont été exactement placés, par l'artiste primitif, aux endroits qu'il convenait et dans les formes voulues, en vue d'une ressemblance cherchée avec l'image d'un de ses semblables. Le type obtenu ne diffère en rien de notre race actuelle, et l'homme ne paraît pas avoir changé physiquement depuis l'époque chelléenne (1).

FOUQUIÈRES-LEZ-BÉTHUNE.

PLANCHE III, *fig. 4*. — Tête de bélier.

La silhouette générale de ce silex ($0^m14 \times 0^m12$) à l'état brut était très propice à la représentation d'une tête de bélier, et l'artiste primitif n'a eu que peu de chose à faire pour compléter la ressemblance. La bouche, repérée avec exactitude, a été obtenue par une très belle taille pratiquée d'une main sûre. L'œil et une espèce de frisure pourraient bien être dus à l'action du gel, mais l'extrémité inférieure du cou a été découpée à arête vive par une taille absolument indéniable.

ROELLECOURT. Bois d'Epanchin.

PLANCHE IV, *fig. 5*. — Masque humain, vu de face.

Sauf une partie du côté gauche, qui a conservé son écorce, toute la

(1) La tête n° 9 (*planche V*), dont l'exécution offre plus d'un point de ressemblance, nous donne la même conviction.

face est taillée. La joue droite, notamment, a été donnée par une taille très franche. Le front est très manifestement indiqué, sinon parfaitement obtenu. Les yeux, les narines et la bouche ont été fournis par des trous naturels remaniés et améliorés.

Fouquières-lez-Béthune.

PLANCHE IV, *fig. 6*. — Tête de singe, vue de face.

Toute la face est taillée, et le front n'a conservé son écorce que là où elle ne gênait pas la configuration générale. Les deux joues sont régulièrement aplaties. Le nez est nettement découpé ; le renflement du milieu est bien caractéristique, et deux sillons obtenus à la base des narines complètent la physionomie. Les yeux sont dus à deux trous naturels modifiés par la taille.

Vaudricourt. Bois des Montagnes.

PLANCHE IV, *fig. 7*. — Crâne humain, vu de face.

Dans cette remarquable sculpture, deux trous naturels, dont les bords ont été remaniés, forment les yeux. Le décharnement méthodique du nez et le creusement rationnel des joues en font une tête de mort frappante de réalité.

Roellecourt. Bois d'Epanchin.

PLANCHE IV, *fig. 8*. — Tête de gorille, vue de face.

Silex demeuré brut dans ses plus grosses parties. Trois trous naturels donnaient les yeux et la bouche. Une taille à petits coups opérée avec beaucoup d'habileté a complété cette ressemblance première, en dégageant largement les yeux et en façonnant le nez. Observé de profil, ce silex affirme encore davantage sa taille intentionnelle.

Fouquières-lez-Béthune.

PLANCHE V, *fig. 9*. — Profil humain.

Ce profil a été entièrement découpé dans un silex plat ($0^m09 \times 0^m05$) qui a conservé toute son écorce blanche sur la face gauche. Le front, le nez, la bouche et le menton sont taillés avec une netteté et une intention qui défient le doute et la critique. L'œil et l'oreille ont été obtenus par des éclats méthodiquement repérés.

Hesdigneul-lez-Béthune.

PLANCHE V, *fig. 10.* — Profil humain.

Ce silex (haut. 0^{m}085), qui a conservé presque toute son écorce, est un véritable *lusus naturae*, dont le nez, le menton, la joue renflée, l'œil et le front avaient frappé la vue du sculpteur préhistorique. La taille a vigoureusement accentué cette ressemblance initiale. Ainsi l'œil, dû à un trou naturel, a été irradié par un martellement à petits éclats ; le nez, sans doute trop proéminent, a été écourté ; la bouche, exactement placée à l'endroit voulu, a été creusée avec la même méthode et par le même procédé.

Vendin-lez-Béthune. Briqueterie Hersin.

PLANCHE V, *fig. 11.* — Tête de mort.

Ce silex porte encore toute son écorce, sauf aux endroits éclatés par la taille. Les deux yeux sont dus à deux trous naturels, mais celui de gauche a été élargi par la taille. La joue droite a également été creusée avec méthode. Une taille savante du nez semble mettre toute la mâchoire à nu et complète l'aspect hideux de ce crâne humain.

Malheureusement, il nous a été impossible de le photographier de face et, présenté ainsi de trois-quarts, il perd une partie de son expression.

Fouquières-lez-Béthune.

PLANCHE V, *fig. 12.* — Hippocampe.

Plus difficile encore était la reproduction fidèle de cet étrange silex, dont la conformation naturelle offre une ressemblance frappante avec l'hippocampe. Pour le photographier, il a fallu sacrifier une partie de la partie longue.

Dans son ensemble (0^{m}14), ce *lusus naturae* est demeuré complètement brut, conservant toute son écorce. Deux éclats, enlevés avec une précision et une maîtrise extraordinaires et poussés jusqu'à la couleur naturelle du silex, ont donné à l'endroit voulu les deux yeux et complété l'image entrevue.

De l'avis de tous ceux qui l'ont vue et maniée, cette pièce est absolument extraordinaire et probante.

ROELLECOURT. Bois d'Epanchin.

PLANCHE VI, *fig. 13*. ···· Tête de mouton.

Silex noir, brut dans ses contours. Le front est aplati par la taille, et une frisure très remarquable, — une gravure, pourrait-on dire, tant le travail est délicatement exécuté, — marque la naissance du cou. L'œil est dû à un très habile éclat.

L'objet a été mal placé et se présente sur notre planche dans une attitude anormale.

VAUDRICOURT.

PLANCHE VI, *fig. 14*. — Tête de mouton et corps de grenouille rainette géminés.

Ce silex a été travaillé en vue d'obtenir deux représentations. La configuration naturelle indiquait une tête de mouton ; l'artiste a largement taillé la face gauche, en profitant pour l'œil d'un trou naturel. Puis remarquant que deux autres trous placés sur un petit promontoire triangulaire offraient quelque ressemblance avec la tête d'une grenouille, et que le renflement de la nuque et du cou fournirait aisément le corps de la bête, il a tiré deux tailles parallèles, descendant l'une de la nuque, l'autre partant de l'oreille, qui, avec celle de la mâchoire inférieure du mouton prolongée à dessein, ont donné un résultat qui n'est pas sans curiosité. La taille, très observée dans l'ensemble, dénote une grande habileté de main.

Il aurait fallu deux photographies pour cette seule pièce, car à peine aperçoit-on l'un des yeux de la grenouille.

ABBEVILLE. Moulin Quignon.

PLANCHE VI, *fig. 15*. — Tête de chien épagneul.

Silex remarquable par la taille de l'œil, de la face et de l'oreille gauches. L'évidement de l'os frontal et de la partie supérieure du nez, le renflement de la mâchoire inférieure sont parfaitement indiqués. On notera surtout l'expression de l'œil.

Cette pièce est un véritable petit bijou.

VAUDRICOURT.

PLANCHE VI, *fig. 16.* — Tête de singe, vue de trois-quarts.

Cette tête est représentée avec un grand sentiment de vérité et constitue un travail remarquable. Le profil est nettement accentué par la taille ; les saillies des joues sont bien figurées ; le rictus de la face apparaît parfaitement dans l'ensemble des évidements et jusque dans l'effacement des muscles inférieurs. L'œil est naturel, d'un côté ; mais, de l'autre, il est simplement figuré par une taille profonde qui termine en même temps le nez.

FOUQUIÈRES-LEZ-BÉTHUNE.

PLANCHE VI, *fig. 17.* — Tête de chien, vue de trois-quarts.

Tout y est taillé, sauf une partie d'écorce restée sur le côté droit de la tête. Les deux faces sont convenablement aplaties et les contours du profil découpés à arêtes vives. La taille a également éliminé les empreintes de *cidaris* gênantes, pour ne conserver que celle-là seule qui pouvait exactement représenter l'œil du sujet. Tous les détails de cette opération sont très visibles et faciles à vérifier.

Notre photographie, malheureusement, ne donne pas à cette pièce, éminemment curieuse, tout son relief.

VERQUIN. Sablières du Paradis.

PLANCHE VI, *fig. 18.* — Ecureuil.

Le silex a été conservé dans son état natif originel. Mais une taille légère du front et une vigoureuse taille du cou et du museau indiquent assez qu'on a voulu tirer parti d'un silex qui, dans son état brut et avec son trou naturellement bien situé, offrait une grande ressemblance avec l'écureuil.

RAMECOURT.

PLANCHE VI, *fig. 19.* — Profil de chien.

Une taille très habile a fourni le museau, le front, la joue et l'évidement de toute la face gauche de cette tête de chien, dont une empreinte de *cidaris* bien dégagée offrait un œil admirablement placé.

Bien entendu, nous ne faisons pas état d'un éclat récent enlevé à la base de la mâchoire inférieure par le pic du carrier.

ROELLECOURT. Ferme Gallet.

PLANCHE VII, *fig. 20.* — Tête de chien.

Ce superbe silex ($0^m 14 \times 0^m 12$) est couvert sur sa plus grande partie d'une empreinte fossile du genre polypier. Un creux naturel a donné l'œil; l'oreille, sommairement indiquée par la nature, a été arrêtée par la taille à sa partie inférieure formant la pointe. On a obtenu par une série de tailles très habiles le front, la face et le museau. La représentation de l'animal est très caractéristique.

HESDIGNEUL-LEZ-BÉTHUNE.

PLANCHE VII, *fig. 21.* — Tête de félin.

Ce silex ($0^m 12 \times 0^m 08$), dont l'identification avec une tête de félin est frappante, est presqu'entièrement brut. La gueule a été taillée avec méthode dans la direction naturelle de cet organe; l'extrémité du museau a été particulièrement bien traitée. Le globe oculaire a été fourni par le dégagement méthodique, par petits éclats, d'un fossile très renflé qui affleurait à l'endroit voulu.

VENDIN-LEZ-BÉTHUNE.

PLANCHE VII, *fig. 22.* — Tête humaine (?).

Par sa configuration générale, par le renflement de la joue et du front, par son trou naturel très heureusement situé, ce silex ($0^m 125 \times 0^m 115$) offrait à l'état brut une maquette tout indiquée. Une taille vigoureuse a arrondi le crâne et régularisé le menton. Une autre, très habile, a placé une bouche dans la dépression naturelle qui en marquait la place. Tout le reste a gardé son écorce primitive.

FOUQUIÈRES-LEZ-BÉTHUNE.

PLANCHE VII, *fig. 23*. — Huppe.

Silex (0^m15) ayant conservé son écorce naturelle sur ses plus grosses parties. La huppe, le front, le bec, la gorge ont été taillés avec une sûreté de main qui dénote une grande habileté. L'œil lui-même, dû à un trou naturel, a été entouré d'une taille en demi-cercle faite de petits éclats. L'oiseau est reconnaissable à première vue.

Fouquières-lez-Béthune.

PLANCHE VIII, *fig. 24*. — Tête de sanglier (?).

Silex aplati par la taille de la face gauche. Tous les contours ont été esquissés et amortis méthodiquement, pour donner la ressemblance cherchée. Une partie de la face droite a conservé son écorce; mais la joue est creusée avec intention; l'œil est dû à un éclat enlevé juste à l'endroit voulu; le rictus de la face et le groin sont très bien indiqués par la taille.

Roellecourt.

PLANCHE VIII, *fig. 25*. — Tête d'homme, vue de profil.

Tout le côté droit de la face est taillé; le nez, le front, la courbe de la joue et l'œil sont particulièrement bien traités. De l'autre côté, l'œil, la bouche et le menton ont seuls été taillés; mais cet œil est placé avec une telle rigueur de symétrie qu'il ne laisse aucun doute sur l'intention de l'artiste.

Vendin-lez-Béthune.

PLANCHE VIII, *fig. 26*. — Chevreuil.

Silex presque brut ($0^m115 \times 0^m85$) ayant conservé sa croûte blanche sur toute sa face gauche. Tous les contours ont été esquissés par la taille. L'œil est dû à un trou naturel placé juste à l'endroit voulu; la gueule est bien creusée, la mâchoire inférieure est terminée par une taille qui indique en même temps la naissance de la gorge. Une oreille très bien découpée et dégagée de son écorce blanche, à son extrémité, complète la physionomie.

Fouquières-lez-Béthune.

5

PLANCHE VIII, *fig*. 27. - Tête de chien.

Une série de tailles ont déterminé le contour définitif de ce silex qui, à l'état brut, encore vêtu de son écorce primitive, rappelait l'idée d'une tête de chien. Un habile éclat, enlevé au point précis, a donné l'œil et la vie à cette silhouette naturelle.

GOSNAY.

PLANCHE VIII, *fig*. 28. — Grenouille, grandeur naturelle.

Ce silex est brut dans ses principaux contours. L'œil est né d'un trou naturel qui a été irradié par le martellement. C'est à la taille qu'on doit non-seulement le dessus du museau et la gueule, mais encore les pattes de devant et celles de derrière repliées dans la position d'une grenouille qui va sauter.

Ballastière de MONTGUISLAIN.

Je pourrais pousser plus loin une nomenclature déjà longue et passer en revue les quelque cent pièces qui composent ma collection, où je compte quatorze têtes humaines, dont deux de grandeur naturelle, et un buste de 0^m20 de hauteur, — treize masques humains, — quatre têtes de mort, — huit têtes de singe, gorille, orang, etc., — un embryon d'oiseau ou de gallinacé, — six têtes de mouton, — six têtes de chien, — quatre grands bœufs, — un bœuf musqué, — un renne, — un bouquetin, — un cerf, — un renard, — un ours, — un tigre, — un chat-tigre, — un blaireau, — un glouton, — un félin, — un écureuil, — une civette, — deux grenouilles, — deux lions, — quatre sauriens et reptiles, — trois poissons, — deux phoques, — un morse, — deux loutres, — cinq oiseaux, — trois gallinacés, — un chat, — un hérisson, — deux sangliers, — un rat, — une antilope, — un rhinocéros tichorinus, — un dinornis, — deux animaux géminés : une tête de bélier et un corps de grenouille rainette, — un chamois, — un hippocampe, — un loup, — un trachysaure, — trois têtes d'une espèce voisine de celle du cheval : zèbre, lama, onagre, — six pieds humains, — six phallus de grandeur naturelle avec bourses, etc., etc.
Par ces dénominations qui n'ont rien de fantaisiste, mais s'accordent de façon très prochaine avec les sujets représentés, on voit dans quelle

variété de types la sculpture de l'époque préhistorique a su se mouvoir.

Cette constatation faite, il serait oiseux d'ajouter ici de nouvelles descriptions, naturellement pleines de redites, et d'étaler aux yeux du lecteur une douzaine de planches, car le parti pris et les préventions obstinées ne sauraient être réduits par la multiplication des éléments de preuve.

*
* *

Pour se déclarer convaincu, M. Boule réclamait « un travail basé sur de bons arguments et appuyé sur des figures démonstratives » (1).

J'ai reproduit les arguments énoncés par Boucher de Perthes lui-même, parce que j'estime qu'à l'heure actuelle, comme de son temps, on ne saurait en trouver de meilleurs et de plus complets.

Pour déterminer scientifiquement les caractères géologiques de mes fouilles et affirmer qu'elles ont bien eu pour terrain les alluvions quaternaires caillouteuses du diluvium inférieur, j'ai fait appel à M. Ladrière, l'éminent géologue qui a publié une très remarquable étude du quaternaire du nord de la France.

Aujourd'hui, laissant de côté, à regret sans doute, les procédés graphiques où la main de l'homme peut toujours être accusée d'avoir paré, maquillé, truqué là où elle a voulu seulement se faire séduisante et intelligible, je m'adresse aux yeux qui veulent voir et aux esprits que n'aveuglent pas les systèmes d'école et les conventions des coteries, et j'ai la confiance que les types que je présente dans toute la rigueur scientifique qu'assure la photographie porteront témoignage, pour la sûreté de la thèse de Boucher de Perthes, de l'existence incontestable de l'art de la sculpture dès l'aurore des temps paléolithiques.

(1) *L'Anthropologie*, t. XI, mars-juin 1900. Les pierres à figures animées, p. 349.

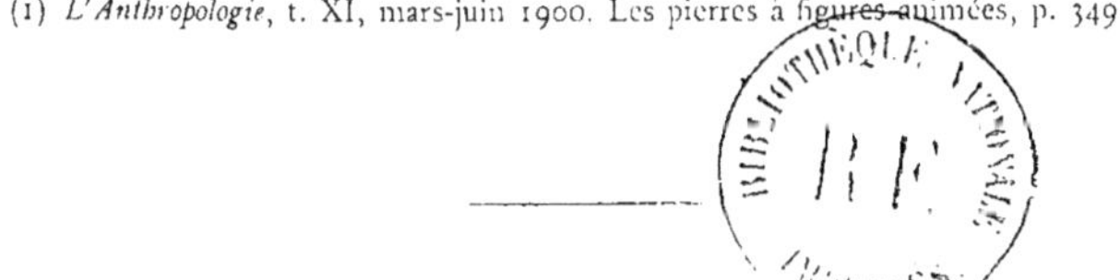

ROUEN

IMPRIMERIE JULIEN LECÈRE

1902

POSTSCRIPTUM

La présente notice était à l'atelier de brochage et allait recevoir sa couverture, lorsqu'une chance inespérée m'oblige à la rouvrir pour enregistrer un fait nouveau, abondant dans ma thèse et lui apportant un surcroît de force et d'irrésistible évidence.

Il s'agit d'un silex à représentation simiesque, rencontré par moi, le 12 mars, à la base même du diluvium, au cours d'une promenade sur le territoire de Gosnay-lez-Béthune.

A en juger par la planche IX, qui reproduit ma trouvaille dans ses dimensions exactes, la nature cette fois n'a guère préparé la matière et contredit sans scrupule ceux qui lui attribuent si généreusement les représentations où nous voulons reconnaître la main de l'homme.

Peut-on soutenir sérieusement qu'un profil de singe existait en puissance dans le caillou triangulaire qui nous apparaît ici, encore revêtu de sa primitive écorce? Peut-on attribuer à des heurts naturels ce museau caractéristique dont les lèvres et le mufle se dessinent si régulièrement, cet œil ouvert à la place exacte où se rencontrent habituellement les yeux, cette oreille mathématiquement repérée, cet arrondissement du front et de la calotte crânienne, cet amortissement de l'occiput, cet écrètement rationnel du cou? Enfin, est-ce encore à des heurts naturels que sont dus les essais de taille, absolument symétriques, quoique moins heureux de ressemblance, qui s'observent sur l'autre face de cet intéressant silex?

Nier ici l'œuvre de l'homme équivaudrait à nier l'évidence.

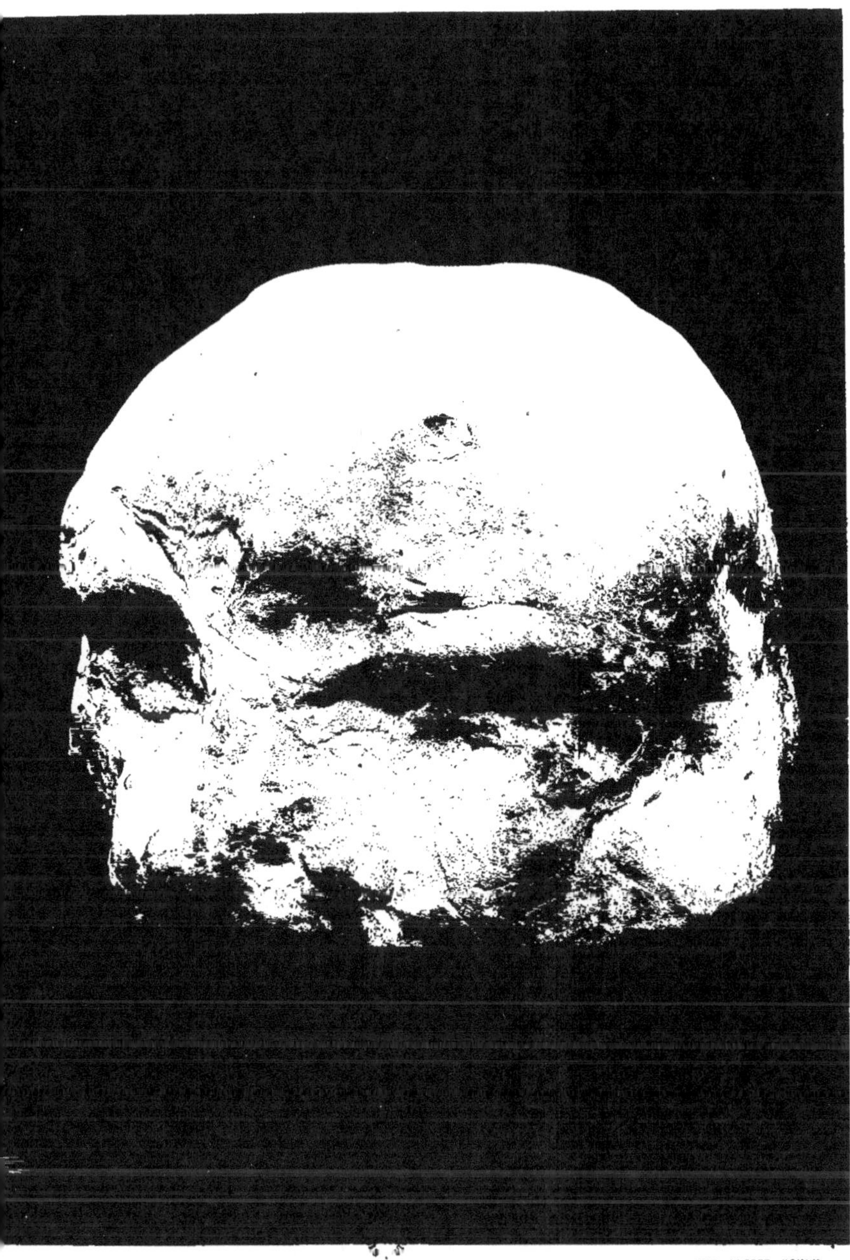

LUSUS NATURAE DU DILUVIUM INFÉRIEUR
DE FOUQUIÈRES-LEZ-BÉTHUNE

1 et 2. PROFILS SIMIESQUES

3

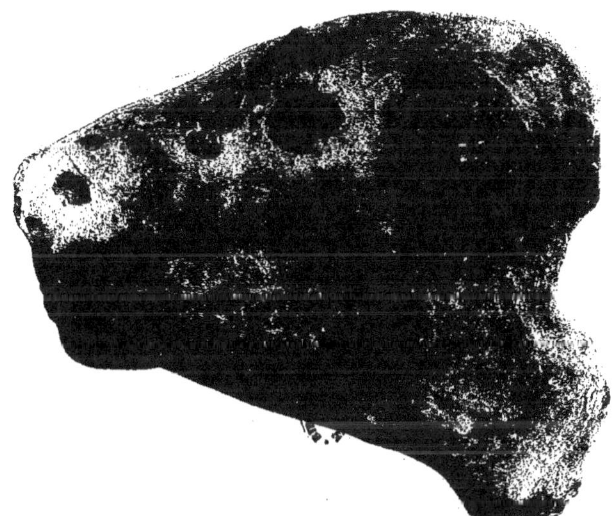

4

3. FIGURE D'HOMME — 4. TÊTE DE BÉLIER

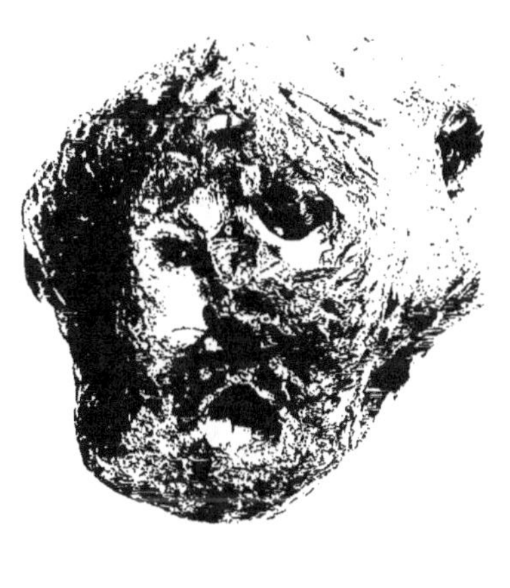

5

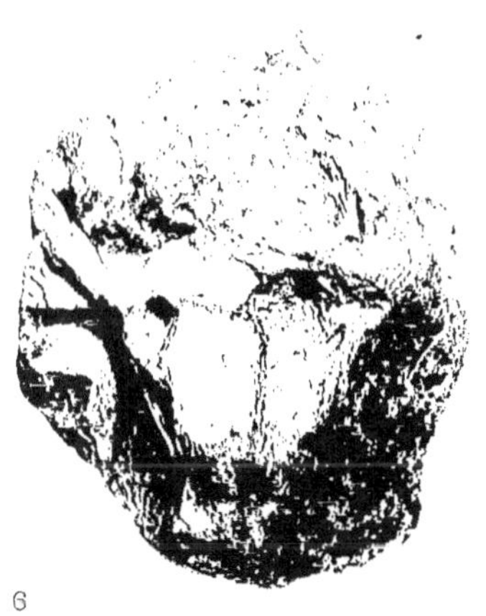

6

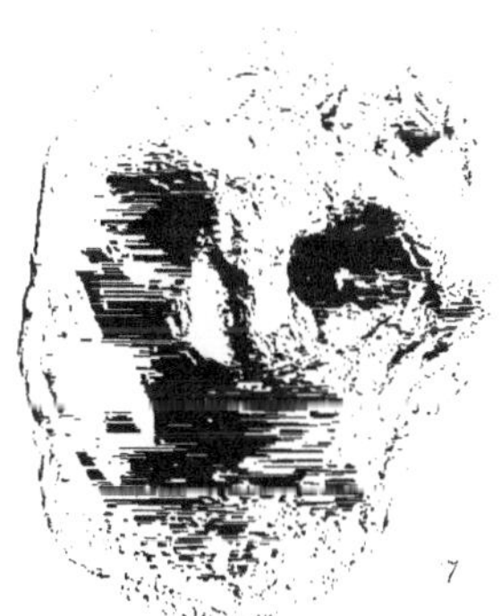

7

8

5. MASQUE HUMAIN — 6. TÊTE DE SINGE — 7. CRANE HUMAIN

8. TÊTE DE SINGE

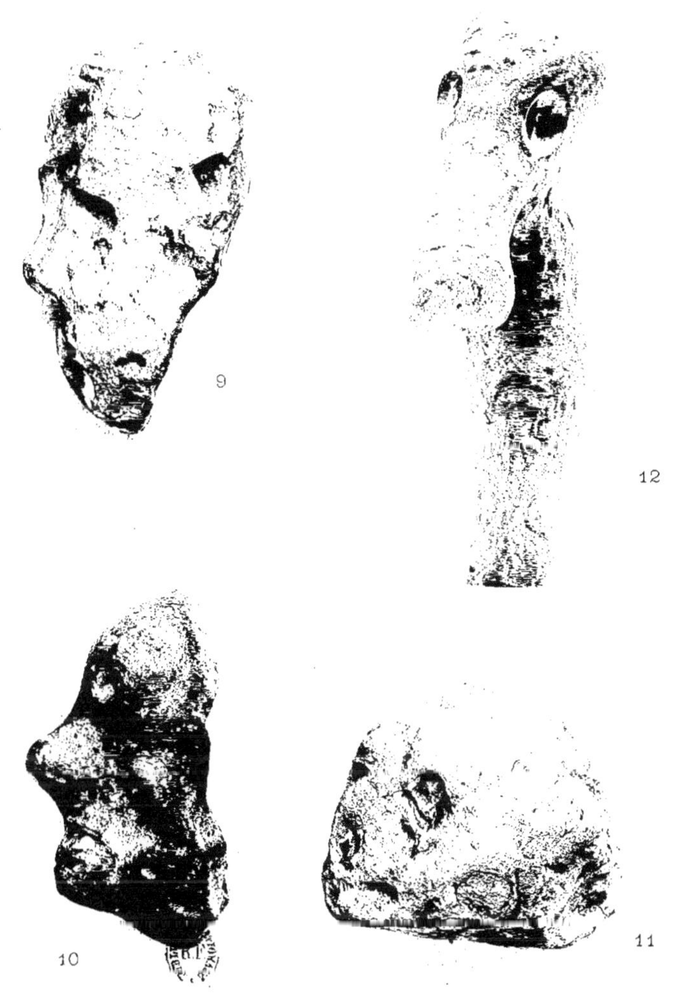

9, 10. PROFILS HUMAINS — 11. TÊTE DE MORT

12. HIPPOCAMPE

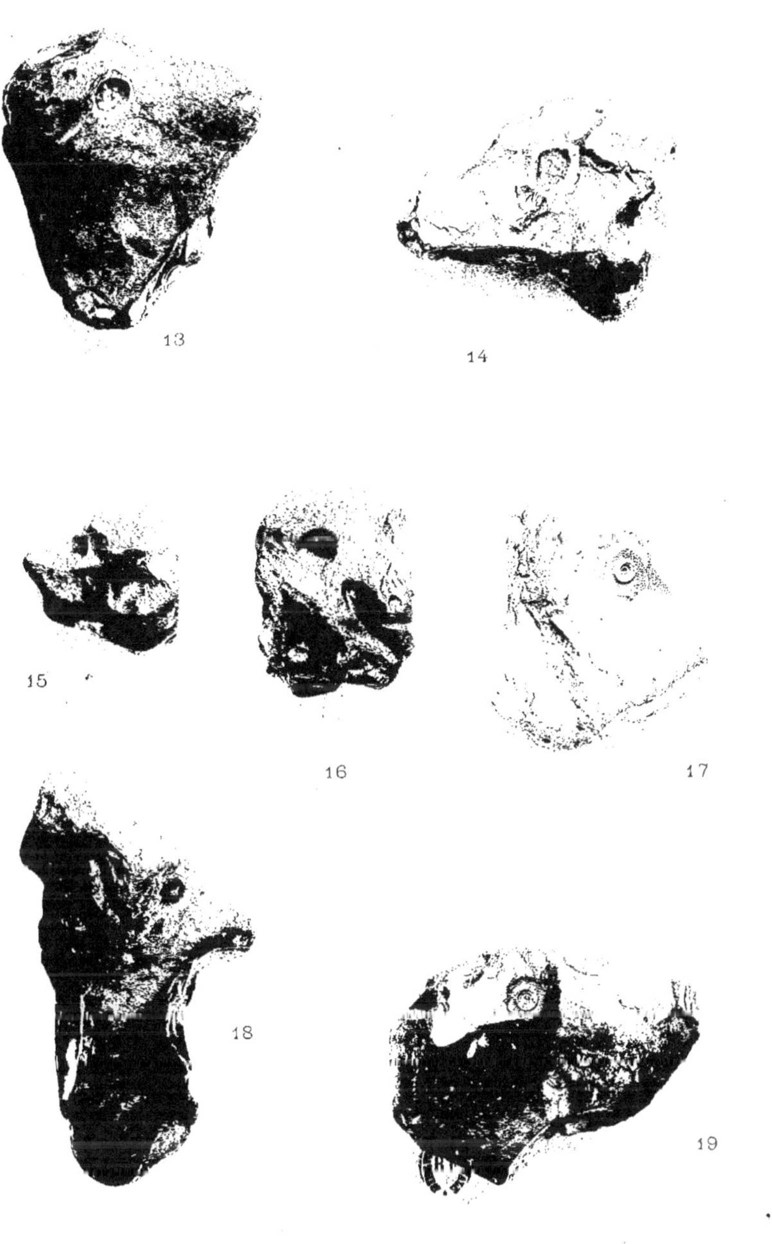

13. TÊTE DE MOUTON — 14. TÊTE DE MOUTON
ET CORPS DE GRENOUILLE GEMINÉS — 15. TÊTE D'EPAGNEUL — 16. TÊTE DE SINGE
17, 19. PROFILS DE CHIENS — 18. ÉCUREUIL

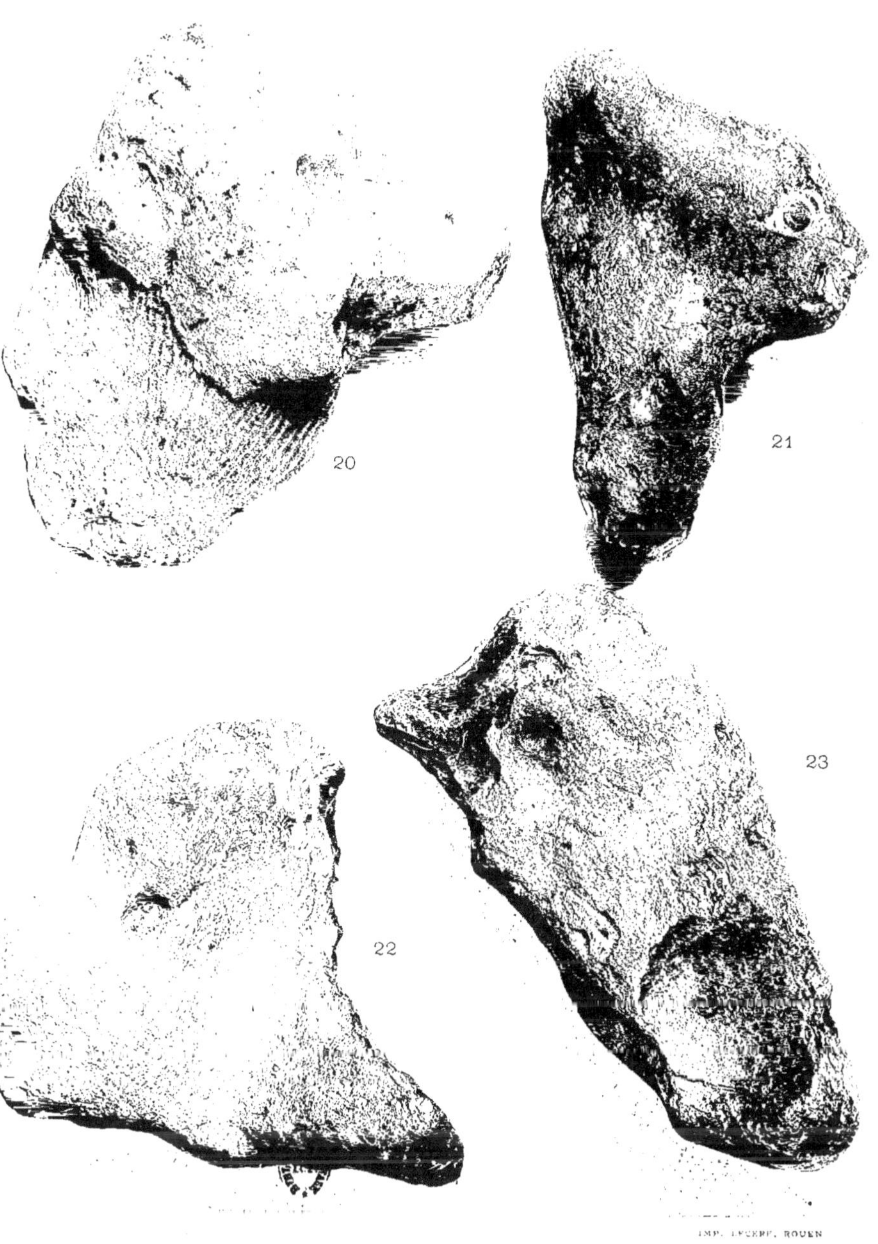

20. TÊTE DE CHIEN — 21. TÊTE DE FÉLIN
22. TÊTE HUMAINE (?) — 23. HUPPE

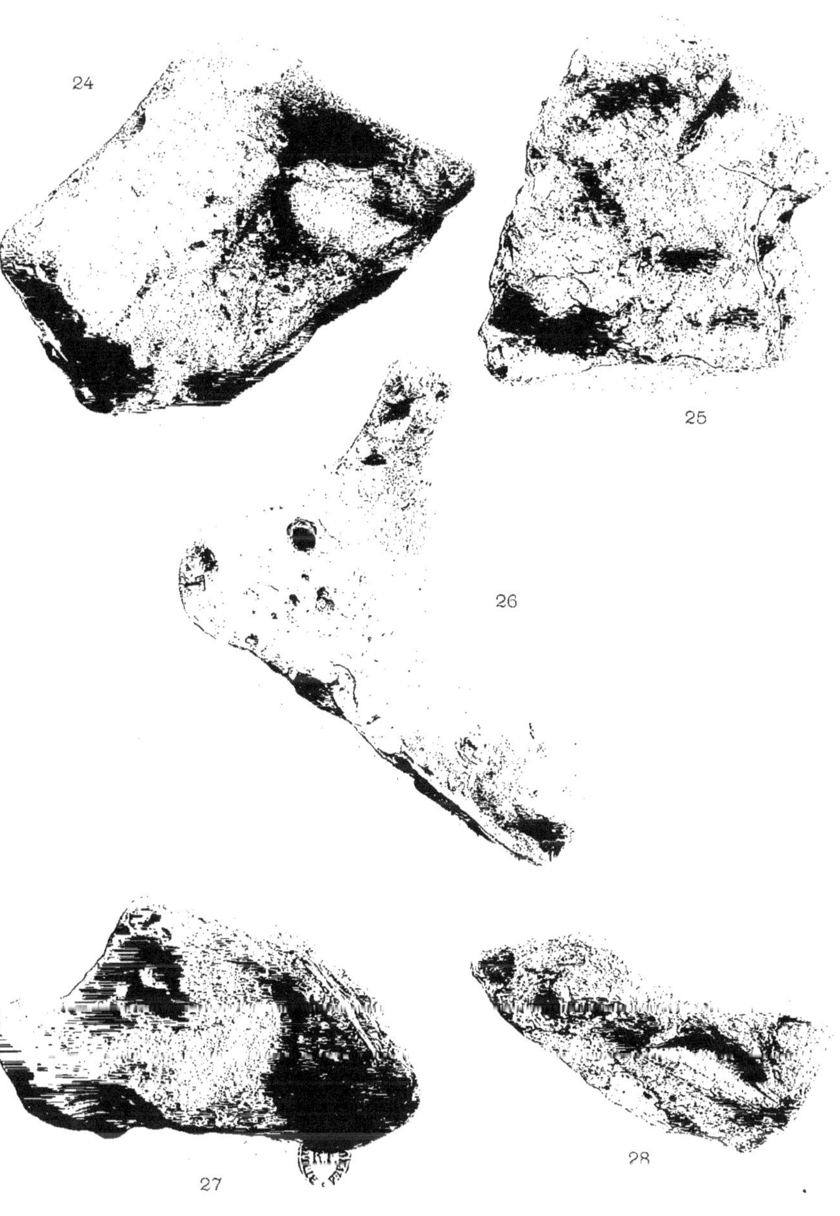

24. TÊTE DE SANGLIER — 25. PROFIL D'HOMME

26. TÊTE DE CHEVREUIL — 27. TÊTE DE CHIEN (?) — 28. GRENOUILLE

Planche IX

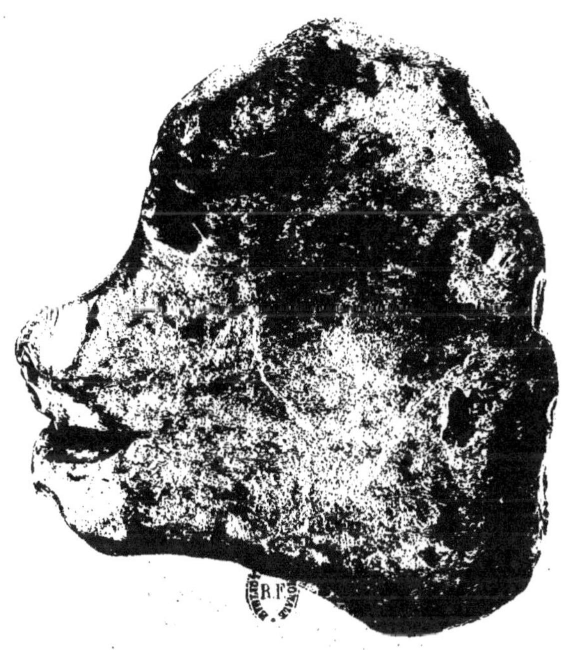

PROFIL DE SINGE